云南省地方标准

公路沿线非公路交通标志设置技术规范

DB 53/T 2019—2017

图书在版编目(CIP)数据

公路沿线非公路交通标志设置技术规范/云南省公路路政管理总队,云南省公路工程监理咨询公司,重庆蒙韬交通工程设计咨询有限公司编.—北京:人民交通出版社股份有限公司,2017.1
ISBN 978-7-114-14475-2

Ⅰ.①公… Ⅱ.①云…②云…③重… Ⅲ.①公路标志—技术规范—中国 Ⅳ.①U491.5-65

中国版本图书馆 CIP 数据核字(2017)第 330022 号

云南省地方标准

书　　名:	公路沿线非公路交通标志设置技术规范
著　作　者:	云南省公路路政管理总队　云南省公路工程监理咨询公司　重庆蒙韬交通工程设计咨询有限公司
责任编辑:	郭红蕊　闫吉维
出版发行:	人民交通出版社股份有限公司
地　　址:	(100011)北京市朝阳区安定门外外馆斜街 3 号
网　　址:	http://www.ccpress.com.cn
销售电话:	(010)59757973
总　经　销:	人民交通出版社股份有限公司发行部
经　　销:	各地新华书店
印　　刷:	北京市密东印刷有限公司
开　　本:	880×1230　1/16
印　　张:	2
字　　数:	49 千
版　　次:	2018 年 1 月　第 1 版
印　　次:	2018 年 1 月　第 1 次印刷
书　　号:	ISBN 978-7-114-14475-2
定　　价:	25.00 元

(有印刷、装订质量问题的图书由本公司负责调换)

云南省交通运输厅
云南省质量技术监督局
公 告

2017 年第 1 号

关于发布《公路工程人工费定价规程》等 5 项标准的公告

现发布《公路工程人工费定价规程》(DB 53/T 2017—2017)、《公路工程造价电子数据交换规范》(DB 53/T 2018—2017)、《公路沿线非公路交通标志设置技术规范》(DB 53/T 2019—2017)、《涉路项目工程技术评价规范》(DB 53/T 2020—2017)、《山区公路改扩建工程设计技术指南》(DB 53/T 2021—2017)5 项地方行业标准,自 2017 年 12 月 1 日起施行。

该规范的管理权归云南省交通运输厅,请各单位在实践中注意总结经验,及时将发现的问题和修改意见函告各标准编写单位,以便修订参考。

特此公告。

附件:地方行业标准登记表

云南省交通运输厅
云南省质量技术监督局
2017 年 10 月 31 日

附件

地方行业标准登记表

序号	地方行业标准编号	地方行业标准名称	发布日期	实施日期	主要起草单位
1	DB 53/T 2017—2017	公路工程人工费定价规程	2017年10月31日	2017年12月1日	云南省交通运输厅工程造价管理局
2	DB 53/T 2018—2017	公路工程造价电子数据交换规范	2017年10月31日	2017年12月1日	云南省交通运输厅工程造价管理局、云南师范大学
3	DB 53/T 2019—2017	公路沿线非公路交通标志设置技术规范	2017年10月31日	2017年12月1日	云南省公路路政管理总队、云南省公路工程监理咨询公司
4	DB 53/T 2020—2017	涉路项目工程技术评价规范	2017年10月31日	2017年12月1日	云南省公路路政管理总队、云南省公路工程监理咨询公司
5	DB 53/T 2021—2017	山区公路改扩建工程设计技术指南	2017年10月31日	2017年12月1日	云南省公路科学技术研究院、招商局重庆交通科研设计院有限公司

目　次

前言 II
1 范围 1
2 规范性引用文件 1
3 术语 1
4 一般规定 2
5 设置位置 3
6 版面设计 5
7 结构设计 8
8 施工及验收 8
9 检查维护 8
10 审批与管理 9
附录 A（资料性附录） 公路沿线小型非公标志规格尺寸 10
附录 B（资料性附录） 条文说明 12
　　1 范围 12
　　2 规范性引用文件 13
　　3 术语 14
　　4 一般规定 16
　　5 设置位置 16
　　6 版面设计 18
　　7 结构设计 19
　　8 施工及验收 20
　　9 检查维护 20
　　10 审批与管理 20
参考文献 22
本规范用词用语说明 23

前言

本标准按照GB/T 1.1—2009《标准化工作导则 第1部分：标准的结构和编写》的规则起草。

本标准由云南省公路路政管理总队提出。

本标准由云南省交通运输标准化技术委员会(YNTC13)归口。

本标准起草单位：云南省公路路政管理总队、云南省公路工程监理咨询公司、重庆蒙韬交通工程设计咨询有限公司。

本标准主要起草人：陈跃 马德芳 资新 杨俊毅 陆荣安 王海惠 王逸庶 徐光政 刘惠兴 苏瑜 周洪 王文义 姚红云 马毅 曾丽萍 白继明 吴军 罗斌 毛云峰 谢德昌 瞿翔 廖旭初 宋永朝 涂强 谢威

DB 53/T 2019—2017

公路沿线非公路交通标志设置技术规范

1 范围

为规范云南省公路沿线非公路交通标志的设置,制定本规范。

云南省行政区域内各等级公路沿线用地范围及公路两侧建筑控制区内,除《道路交通标志和标线》(GB 5768)所规定的交通标志以外的非公路交通标志设置应执行本规范。

本规范规定了公路沿线非公路交通标志的术语、一般规定、设置位置、版面设计、结构设计、施工及验收、检查维护、审批与管理。

2 规范性引用文件

下列文件对于本文件的应用是必不可少的。凡是注日期的引用文件,仅注日期的版本适用于本文件。凡是不注日期的引用文件,其最新版本(包括所有的修改单)适用于本文件。

GB 5768　　　道路交通标志和标线
GB/T 10001　　标志用公共信息图形符号
GB/T 23827　　道路交通标志板及支撑件
GB 50007　　　建筑地基基础设计规范
GB 50010　　　混凝土结构设计规范
GB 50017　　　钢结构设计规范
GB 50034　　　建筑照明设计标准
GB 50054　　　低压配电设计规范
GB 50057　　　建筑物防雷设计规范
GB 50135　　　高耸式结构设计规范
GB 50169　　　电气装置安装工程接地装置施工及验收规范
GB 50202　　　建筑地基基础工程施工质量验收规范
GB 50204　　　混凝土结构工程施工质量验收规范
GB 50205　　　钢结构工程施工质量验收规范
GB 50303　　　建筑电气工程施工质量验收规范
CJJ 149　　　　城市户外广告设施技术规范
JTG B01　　　　公路工程技术标准
JTG D20　　　　公路路线设计规范
JTG D60　　　　公路桥涵设计通用规范
JTG/T D81　　　公路交通安全设施设计细则
JTG D82　　　　公路交通标志和标线设置规范
JTG F71　　　　公路交通安全设施施工技术规范

3 术语

下列术语和定义适用于本文件。

1

3.1

非公标志

公路沿线非公路交通标志的简称,特指设置于公路沿线用地范围及公路两侧建筑控制区内,除《道路交通标志和标线》(GB 5768)所规定的交通标志以外的其他标志。

3.2

柱式非公标志

安装于单柱、双柱、多柱或桁架支撑结构物上的非公标志。

3.3

底座式非公标志

标志板直接支撑于底座上的非公标志。

3.4

附着式非公标志

附着于公路路侧结构物或跨路结构物上的非公标志。

3.5

公益类非公标志

为宣传国家法律、法规、政策或以倡导、警示等方式传播公益观念而设置的非公标志。

3.6

广告类非公标志

为向公众介绍、推销产品或服务而设置的非公标志。

3.7

门店类非公标志

设置于门店外侧,用于介绍门店名称、经营项目等内容的非公标志。

3.8

指引类非公标志

指引企业、个体等带有商业性质的地点名称、位置、方向、距离的非公标志。

3.9

大型非公标志

版面尺寸大于或等于 $20m^2$ 的非公标志。

3.10

小型非公标志

版面尺寸小于 $20m^2$ 的非公标志。

3.11

电子类非公标志

安装有主动发光装置的非公标志。

4 一般规定

4.1 非公标志设置应遵循安全、规范、协调、美观的原则。

4.2 非公标志不得影响行驶安全、公路畅通和路容路貌。

4.3 非公标志设置不得影响公路标志的辨识。

4.4 公路上严禁设置跨路龙门架广告。

4.5 景区公路沿线不宜设置大型非公标志。

4.6 广告类非公标志不宜跨越公路设置。

4.7 非公标志设置除应符合本规范的规定外,尚应符合国家和行业现行有关标准的规定。

5 设置位置

5.1 严禁设置位置

5.1.1 非公标志不得设置在交通信号设施、交通安全设施、交通标志、隔离栏等交通工程设施以及消防设施、消防安全标志上。

5.1.2 公路交叉口通视三角区和路侧安全净区。如图1所示，停车视距应满足表1的规定。

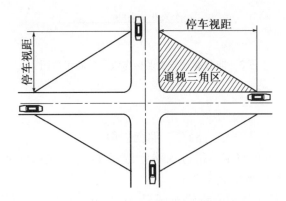

图1 公路交叉口通视三角区范围

表1 停车视距

设计速度(km/h)	100	80	60	40	30	20
停车视距(m)	160	110	75	40	30	20

5.1.3 各类地下管线、架空线及其他生命线工程保护范围内。

5.1.4 弯道内侧、急弯、陡坡、连续下坡等易发生交通事故路段和公路管理机构认定的交通事故多发路段。

5.1.5 县级以上人民政府规定严禁设置非公标志的区域。

5.2 纵向位置

5.2.1 大型非公标志设置的纵向最小间距应满足表2的规定，如图2所示。

表2 大型非公标志纵向设置的最小间距

公路等级	纵向最小间距(m)	公路等级	纵向最小间距(m)
高速公路	500	其他公路	300
一、二级公路	400		

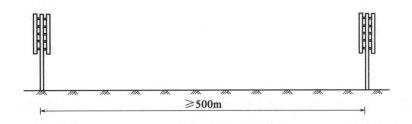

图2 大型非公标志纵向设置间距示意图

5.2.2 非公标志与交通标志的纵向间距不宜小于100m，如图3所示。

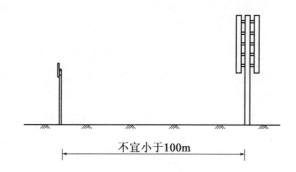

图3 非公标志与交通标志设置间距示意图

5.3 横向位置

5.3.1 非公标志的任何部位不得侵入公路路肩、路面以内。

5.3.2 非公标志板面垂直地面的投影不得进入路肩、路面以内，其中，高速公路沿线大型非公标志板面垂直地面的投影距公路护栏距离应大于2m。

5.3.3 非公标志最外边缘不得侵入公路建筑限界，一般距车行道、人行道或土路肩外侧边缘不小于25cm。

5.4 设置高度

5.4.1 路侧大型非公标志板下边缘与公路路面净空高度应不小于5.5m。

5.4.2 路侧小型柱式非公标志板下边缘与公路路面净空高度一般为1.5m～2.5m，如图4所示。

5.4.3 跨路结构物上的附着式非公标志下边缘与公路路面净空高度应不小于5.5m。

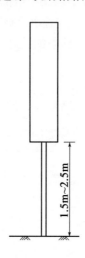

图4 小型柱式非公标志设置高度示意图

5.5 其他规定

5.5.1 大型非公标志在高速公路和一级公路沿线的设置应进行专项规划，并按照规划位置设置。

5.5.2 大型单立柱非公标志板应垂直于行车方向。多立柱、桁架非公标志板可平行于行车方向，当设置条件受限时可根据实际情况调整安装角度。

6 版面设计

6.1 版面规格

6.1.1 非公标志板面形式应使用方形,严禁使用正等边三角形、圆形、倒三角形、八角形和叉形。

6.1.2 设置于同一路段或区域同一类型的非公标志的规格及尺寸应保持一致。

6.1.3 大型单立柱广告类非公标志两面体单面规格尺寸不得大于18m×6m,三面体单面规格尺寸不得大于16m×4m,如图5、图6所示。

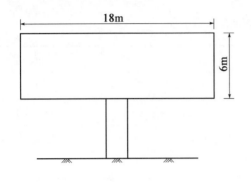

图5 两面体非公标志单面规格尺寸　　　　图6 三面体非公标志单面规格尺寸

6.1.4 小型非公标志版面规格尺寸可参照附录A。

6.1.5 跨线桥上的附着式非公标志的板面不宜采用通栏式结构,且上、下边缘不得超出桥上护栏顶部和边梁外缘底线。

6.2 字符

6.2.1 非公标志采用的文字应书写规范、正确、工整、易于辨识,字符遵循从左到右、从上到下的布局。

6.2.2 非公标志图案和主体内容应清晰、简明,主要内容的字体应符合《道路交通标志和标线》(GB 5768)的有关规定。

6.2.3 指引类、门店类非公标志主要字体高度应按表3选取。汉字字宽和字高宜相等,字高可按设置路段的运行速度(v_{85})进行调整。汉字或其他文字的间隔、行距等宜符合表4的规定。

表3 汉字高度与速度关系

速度(km/h)	100~120	71~99	40~70	<40
汉字高度(cm)	60~70	50~60	35~50	25~30

表4 文字的间隔、行距等的规定

文字设置	与汉字高度(h)的关系
字间隔	$1/10h$ 以上
笔画粗	$1/14h$ ~ $1/10h$
字行距	$1/5h$ ~ $1/3h$

表4（续）

文 字 设 置	与汉字高度（h）的关系
距标志板边缘最小距离	$2/5h$
注：h 为汉字高度。	

6.2.4 非公标志的内容宜按主要内容、次要内容和辅助内容分类，其字体大小宜符合表5、表6的规定。

表5 大型非公标志内容分类

类 别	内 容	字 体 大 小
主要内容	主体广告语和宣传语、商家名等	$1.0h$
次要内容	电话号码、地址等	$0.3h \sim 0.5h$
辅助内容	具体广告语和宣传语、经营或范围等	$0.5h \sim 0.8h$
注：h 为汉字高度。		

表6 小型非公标志内容分类

类 别	内 容	字 体 大 小
主要内容	商家名、地点名等	$1.0h$
次要内容	电话号码、地址等	$0.3h \sim 0.5h$
辅助内容	经营或服务范围等	$0.5h \sim 0.8h$
注：h 为汉字高度。		

6.2.5 拼音字母、拉丁字母、少数民族文字、外文和阿拉伯数字的字体高度应满足表7的规定。特殊情况下，字符高度不应小于规定值的0.8倍。

表7 其他文字与汉字高度的关系

其 他 文 字		与汉字高度（h）的关系
拼音字母、拉丁字母、少数民族文字、外文	大小写	$1/3h \sim 1/2h$
阿拉伯数字	字高	$1h$
	字宽	$1/5h \sim 1/2h$
	笔画粗	$1/6h \sim 1/5h$

6.2.6 非公标志上使用公共信息图形符号时，应符合《标志用公共信息图形符号》（GB/T 10001）的有关规定。

6.2.7 非公标志的箭头应指示目的地方向，箭头大小及布置可参照附录A。

6.2.8 非公标志的版面内容应体现地方民族特色。横排非公标志的版面内容设置应遵循少数民族文字在汉字上方，外文或拼音在汉字下方的原则，如图7、图8所示。

图7 汉字+拼音横排非公标志示例

图8 少数民族语言+汉字+外语横排非公标志示例

6.3 颜色

6.3.1 非公标志的版面配色不得使用与交通标志相同的配色方案。

6.3.2 指引类、门店类非公标志的配色宜为白底、棕字、棕边框、白色衬边。非公标志版面底膜不宜采用反光材料,如图9、图10所示。

图9 横排双柱式版面配色示例

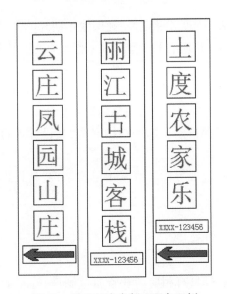

图10 竖排门店类版面配色示例

6.4 并列

6.4.1 公路沿线同一地点不宜设置多组指引类非公标志,需要指引多个目的地时指引类非公标志应并列设置。

6.4.2 并列的指引类非公标志,标志板的长度应保持一致,版面的排列顺序由上至下依次为向前指引、向左指引、向右指引,如图11所示。

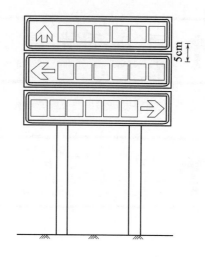

图 11 非公路标志板并列设置示意图

6.4.3 非公标志不得与交通标志并列设置。

6.5 其他规定

6.5.1 公路管理机构和申请人的相关信息宜放置在非公标志版面的背面或柱体上。

6.5.2 非公标志的设置应注重昼夜景观协调,主动发光标志宜采用投射光外照明形式,严禁使用闪烁灯光,最大亮度不宜超过 $400cd/m^2$,不得影响行车安全。

7 结构设计

7.1 非公标志应具有足够的强度、刚度和稳定性,确保使用期间的安全性。

7.2 大型柱式非公标志涉及钢结构、钢筋混凝土结构、地基基础以及电气工程的,其设计应符合国家和行业现行有关标准的规定。

7.3 大型柱式非公标志应加强结构抗风设计,强风路段应进行结构抗风专项评价。

7.4 净高在 3m 以上的较大型非公标志应设置可靠的防雷设施。

7.5 附着式非公标志的设置应确保被附着物的结构安全,其设计应符合国家和行业现行有关标准的规定。

7.6 在公路上设置跨越公路的行政地界标志宜采用梁式结构,其设计应符合国家和行业现行有关标准的规定。

8 施工及验收

非公标志的设置,申请人应选择具有相应专业资质及制作、施工能力的单位承担,并主持验收,报公路路政管理机构备案。

9 检查维护

9.1 非公标志设置申请人应定期进行检查和维护,并建立检查维护档案。

9.2 申请人应在规定期限内对经检测认定的非公标志缺陷进行整改,整改后再向检测机构申报复检。对不合格的非公标志,申请人应及时拆除并报公路路政管理机构备案。

10 审批与管理

10.1 不同等级公路交叉或并行时，大型非公标志位于公路建筑控制重合区时，应按就高原则进行报批。

10.2 首次设置非公标志的申请人应向公路路政管理机构提交相应的申请材料。非公标志在使用期期满之前，申请人需向公路路政管理机构申请延期。

附 录 A
（资料性附录）
公路沿线小型非公标志规格尺寸

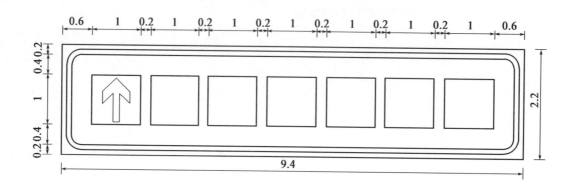

图 A.1 仅汉字横排非公标志规格尺寸(尺寸单位:m)

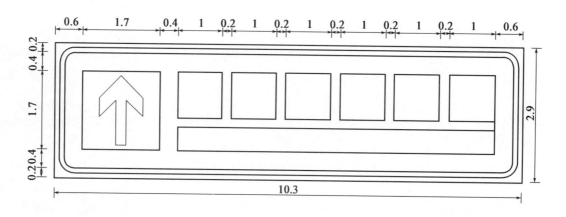

图 A.2 汉字+外文横排非公标志规格尺寸(尺寸单位:m)

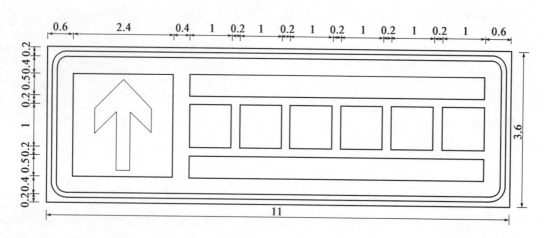

图 A.3 汉字+外文+少数民族语言横排非公标志规格尺寸(尺寸单位:m)

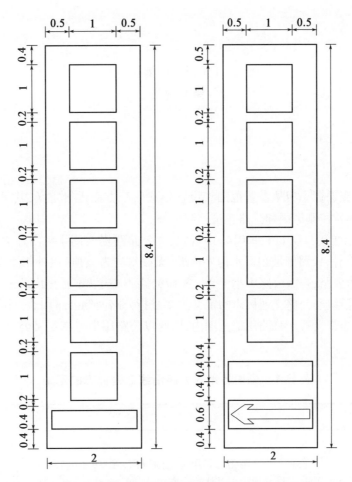

图 A.4 汉字+电话+箭头竖向非公标志规格尺寸(尺寸单位:m)

附 录 B
（资料性附录）
条文说明

1 范围

公路沿线非公路交通标志应从设置范围和设置形式两个方面进行定义，其可能设置位置包括：公路用地范围内、公路建筑控制区内和公路建筑控制区外。

《公路工程技术标准》（JTG B01—2014）中规定："公路路堤两侧排水沟外边缘（无排水沟时为路堤或者护坡道坡脚）以外，或路堑坡顶截水沟外边缘（无截水沟为坡顶）以外不小于1m范围内的土地；在有条件的地段，高速公路、一级公路不小于3m、二级公路不小于2m范围内的土地为公路用地范围。"国内各城市关于公路沿线非公路交通标志的定义主要是指公路两侧公路用地范围以内（表 B.1），但并非所有非公路交通标志都设置于公路用地范围内，因此以公路用地范围定义公路沿线非公路交通标志设置范围较为局限。

表 B.1 国内各地对公路沿线非公标志的定义

地 区	公路沿线非公标志的定义	出 处
安徽	设置于公路两侧公路用地范围以内，除 GB 5768 所规定的公路交通标志以外的标志	《非公路标志安全设置技术要求》（DB 34/T 789—2013）
北京	设置于公路用地范围以内，除 GB 5768.2 所规定的交通标志以外的标志	《公路沿线非公路标志设置规范》（DB 11/T 1170—2015）
济宁	设置于公路两侧公路用地范围以内，除公路管理局按照《道路交通标志和标线》（GB 5768）、《公路工程技术标准》（JTG B01）等国家标准和行业标准设置的公路交通标志以外的指路牌、地名牌、厂（店）名牌、宣传牌、电子显示牌、橱窗、灯箱和其他标志设施	济宁市《非公路标志安全设置技术要求》
福建	指除符合国家标准《道路交通标志和标线》（GB 5768）和《公路工程技术标准》（JTG B01）规定的公路交通标志以外的其他标志	《福建省非公路标志许可标准化管理指南（试行）》
浙江	指除符合国家标准《道路交通标志和标线》（GB 5768）和《公路工程技术标准》（JTG B01）规定的公路标志以外的指路牌、地名牌、厂（店）名牌、宣传牌、广告牌、龙门架、霓虹灯、电子显示牌、橱窗、灯箱和其他标牌设施	《浙江省公路沿线非公路标牌管理办法》

根据《公路安全保护条例》第十一条规定："公路建筑控制区的范围从公路用地外缘起向外的距离标准为：国道不少于20m；省道不少于15m；县道不少于10m；乡道不少于5m。属于高速公路的公路建

筑控制区的范围从公路用地外缘起向外的距离标准不少于30m。"虽然建筑控制区不算路产范围,但根据《中华人民共和国公路法》规定公路建筑控制区内除公路保护需要外,禁止修建建筑物和地面构造物,为加强对公路沿线非公路交通标志的管理工作,因而将公路建筑控制区内设置的非公路交通标志纳入本规范。建筑控制区外可能还有非公路交通标志的设置,但不属于路政管理范围,因此不纳入本次规范。综上所述,将公路沿线非公路交通标志的设置范围定义为:公路用地范围及公路两侧建筑控制区内。

由于公路沿线非公路交通标志的设置根据支撑方式、版面内容、版面尺寸存在不同的划分形式,因此将非公路交通标志的设置形式定义为:除《道路交通标志和标线》(GB 5768—2009)中所规定的交通标志以外的其他标志。

本规范是在国标《道路交通标志和标线》(GB 5768—2009)和云南省地方现行规定的基础上,为规范云南省公路沿线非公路交通标志的设置、设计而制定的,适用于云南省行政区域内各等级公路(农村公路、厂区公路除外)非公路交通标志的设置。

本规范结合了云南省各行政区域公路沿线非公路交通标志设置的实际情况,科学合理地规定了非公路交通标志的术语、一般规定、设置位置、版面设计、结构设计、施工及验收、检查维护、审批与管理。

2 规范性引用文件

本规范引用国家现行法律、法规和相关标准、规范。现行标准、规范中未对公路非公标志的设置做出具体要求的,结合云南省地方特色和实际情况制定。

GB 5768—2009	道路交通标志和标线
GB/T 10001—2006	标志用公共信息图形符号
GB/T 23827—2009	道路交通标志板及支撑件
GB 50007—2011	建筑地基基础设计规范
GB 50010—2010	混凝土结构设计规范
GB 50017—2003	钢结构设计规范
GB 50034—2013	建筑照明设计标准
GB 50054—2011	低压配电设计规范
GB 50057—2010	建筑物防雷设计规范
GB 50135—2006	高耸式结构设计规范
GB 50169—2006	电气装置安装工程接地装置施工及验收规范
GB 50202—2002	建筑地基基础工程施工质量验收规范
GB 50204—2015	混凝土结构工程施工质量验收规范
GB 50205—2001	钢结构工程施工质量验收规范
GB 50303—2015	建筑电气工程施工质量验收规范
CJJ 149—2010	城市户外广告设施技术规范
JTG B01—2014	公路工程技术标准
JTG D20—2006	公路路线设计规范
JTG D60—2015	公路桥涵设计通用规范
JTG/T D81—2006	公路交通安全设施设计细则
JTG D82—2009	公路交通标志和标线设置规范
JTG F71—2006	公路交通安全设施施工技术规范

本规范批准发布后,因个别技术内容影响规范使用需要进行修改,或者对原规范内容进行增减时,可以采用修改单方式修改。

3 术语

3.1 公路沿线非公标志在支撑结构、版面内容、版面尺寸等方面差异性较大,为保证非公标志的规范和一致性,将非公标志按照支撑结构、版面内容、版面尺寸进行分类,如图 B.1 所示。

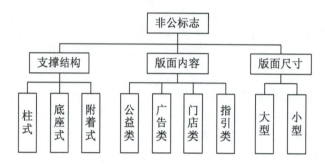

图 B.1 公路沿线非公标志的分类

3.2 柱式非公标志根据版面尺寸的不同,分为大型和小型非公标志。大型的单柱、双柱、多柱或桁架支撑结构物上的非公标志,常用于公益或广告的宣传;小型的单柱、双柱式非公标志,常用于指引标志,如图 B.2、图 B.3 所示。

图 B.2 公路沿线大型单柱、多立柱式非公标志

图 B.3 公路沿线小型单柱、双柱式非公标志

3.3 底座式非公标志是指用于门店名、广告宣传的小型标志,常设置在二级及以下公路沿线商铺门店较集中的路段,如图 B.4 所示。

图 B.4 公路沿线桁架式、底座式非公标志

3.4 附着式非公标志是指附着于路侧结构物或跨路结构物上的标志。根据附着结构、板面材质的不同分为墙体标志和跨线桥标志。墙体标志主要设置在公路两侧挡墙或其他墙体上,常用于公路安全信息宣传;跨线桥标志是设置在横跨公路的跨线桥或立交桥的桥体上,是驾驶员视觉无法回避的标志,通常用于公益宣传或广告宣传,如图 B.5 所示。

图 B.5 公路沿线附着式非公标志

3.5 公益类非公标志是指政府或者企事业单位为宣传公益性内容而设立的标志,常采用大型柱式、小型柱式、附着式等结构形式。

3.6 广告类非公标志是指向公众宣传产品或服务的标志,常采用单立柱、多立柱、桁架式或附着式等结构形式,是公路沿线最常见的非公标志。

3.7 门店类非公标志是指介绍门店名称、经营项目等内容的标志,常采用底座式、单柱式或双柱式等结构形式,通常设置于二级及以下公路沿线商铺较为集中的路段。

3.8 指引类非公标志是指带有商业性质(景点、企业、店铺等)地点等指引内容的标志,常采用小型单柱式或双柱式结构形式。

3.9~3.10 根据对云南省非公标志的版面尺寸大小进行测量统计,见表 B.2,并结合国内其他城市的相关规定,对云南省非公标志的版面尺寸大小进行定量划分。

表B.2 云南省非公标志版面尺寸大小统计数据

非公标志类型	单面版面尺寸
两面体单立柱	小于或等于 18m×6m＝108m²
三面体单立柱	小于或等于 16m×4m＝64m²
门店类	2m²～8m²
指引类	3m²～17.5m²

一般公路沿线大型非公标志都会尽可能将尺寸规格做到标准要求的最大值,而小型非公标志为了节约成本,在满足视认条件下倾向于将尺寸规格做小。国内各地非公标志版面尺寸差异较大,但各地标准都会从风载等安全角度考虑,限制非公标志的尺寸规格,如表 B.3 所示。

表B.3 国内部分地区公路沿线非公标志尺寸限值

地 区	版面尺寸规定
安徽	高耸式结构版面长不超过18m,宽不超过6m,总面积不超过100 m²
北京	根据不同支撑方式和公路等级指引类非公标志的版面最大尺寸从 1.5m×3m 到 3.5m×5m 不等
济宁	高耸式结构非公标志,双面体版面单面规格宜为 6m×18m 或 8m×24m;三面体版面单面规格宜为 8m×24m

综上所述,公路沿线小型非公标志的版面尺寸一般不超过20m²,因此以20m²作为小型非公标志版面尺寸的上限值,将公路沿线非公标志划分为大型和小型两类。

3.11 参照《道路交通标志和标线》(GB 5768—2009)中 3.11 条、3.17 条的规定,电子类非公标志的显示方式应根据标志的功能要求、显示内容、控制方式、环保节能、经济性等因素选择,常用的形式有发光二极管(LED)、字幕式、光纤式等。

4 一般规定

4.1 本条规定了公路沿线非公标志设置的基本原则。非公标志的设置必须符合国家和行业的有关标准的规定,注重与周围环境的协调,同时兼顾当地的人文特色。

4.4 引用《云南省交通厅路政管理许可办法》中第十一条规定"严禁在公路上设置跨路龙门架广告"。

4.5 参照《中华人民共和国广告法》第四十二条规定"在国家机关、文物保护单位、风景名胜区等建筑控制地带不得设置户外广告"。考虑到云南省景区沿线指引类、门店类小型非公标志的设置需求,同时应防止大型非公标志设置过多从而破坏景区沿线和景区内的景观环境,规定了景区公路沿线不宜设置大型非公标志。

4.6 参照《公路安全保护条例》第二十七条中规定"利用跨越公路的设施悬挂公路沿线标志应提出申请",并结合《公路路线设计规范》(JTG D20—2006)中 11.7.4 条规定"主要公路为高速公路、一级公路时:跨线桥上严禁设置商业广告和同交通安全无关的宣传栏目",规定不宜跨越公路设置广告类非公标志。

5 设置位置

5.1 严禁设置位置

5.1.1 参照《中华人民共和国广告法》第四十二条中规定"(1)利用交通安全设施、交通标志的;(2)影响市政公共设施、交通安全设施、交通标志、消防设施、消防安全标志使用的，两种情况禁止设置户外广告"和《城市户外广告设施技术规范》（CJJ 149—2010）2.0.2 条中规定："交通信号设施、交通指路牌、交通标志牌、交通执勤岗设施、道路隔离栏、人行天桥护栏、高架轨道隔声窗（隔声墙）、道路及桥梁防撞墙与隔声窗（隔声墙）严禁设置户外广告设施"。

5.1.2 参照《公路路线设计规范》（JTG D20—2006）10.3.2 条中规定"两相交公路间，由各自停车视距所组成的三角区内不得存在任何有碍通视的物体"和《城市户外广告设施技术规范》（CJJ 149—2010）2.0.3 条中规定"不应在道路交叉口视距三角形范围内设置户外广告设施"。路侧安全净区参照《公路交通安全设施设计细则》（JTG/T D81—2006）2.0.13 条中规定"路侧安全净区是指公路行车方向最右侧车道以外、相对平坦、无障碍物、可供失控车辆重新返回正常行驶路线的带状区域"。因此，基于公路交通安全性考虑，禁止在公路交叉口通视三角区和路侧安全净区内设置非公标志。

5.1.3 参照《城市户外广告设施技术规范》（CJJ 149—2010）中"不得在各类地下管线、架空线及其他生命线工程保护范围内设置户外广告"和安徽省《非公路标志安全设置技术要求》（DB 34/T 789—2013）中"禁止在高压电线安全距离范围内设置非公路交通标志"。生命线工程主要是指维持城市生存功能系统和对国计民生有重大影响的工程，主要包括供水、排水系统的工程；电力、燃气及石油管线等能源供给系统的工程；电话和广播电视等情报通信系统的工程；大型医疗系统的工程以及公路、铁路等交通系统的工程。

5.1.4 参照《云南省交通厅路政管理许可办法》第十六条"严禁在公路弯道内侧及其他影响行车视线的路段两侧设置公路沿线非标标志"。

5.1.5 参照《中华人民共和国广告法》第四十二条"在国家机关、文物保护单位、风景名胜区等的建筑控制地带，或者县级以上地方人民政府禁止设置户外广告的区域设置的"。

5.2 纵向位置

5.2.1 参照《城市户外广告设施技术规范》（CJJ 149—2010）3.3.5 条规定"大型高立柱户外广告设施的最小间距：高速公路为 500m，主要公路为 400m，次要公路为 300m"。考虑云南省实际情况，结合上海、重庆等 9 座城市所规定的公路沿线大型户外广告设置间距要求而制定。

5.2.2 为不影响交通标志的正常使用，公路沿线非公标志的设置应与交通标志保持一定间距，结合安徽、北京、济宁等地区关于非公标志与交通标志的纵向间距取值，考虑交通标志在 120km/h 行驶速度下的视认距离，非公标志与交通标志的纵向间距不宜小于 100m。

5.3 横向位置

5.3.1～5.3.2 为了保证公路交通、相关设施正常运行和使用，避免非公标志倾倒或构件脱落时落入公路路面内引发交通事故，参照《云南省交通厅路政管理许可办法》第十一条"标牌牌面伸入路肩、路面上空部分的地面投影不得超过 2.5m"，同时考虑到公路沿线非公标志的支撑结构可能大于板面也可能小于板面，因此规定非公标志板面及任何部位不得进入路肩、路面以内，且高速公路沿线大型非公标志板面的垂直地面投影距公路护栏距离应大于 2m。

5.3.3 参照《道路交通标志和标线》（GB 5768—2009）3.12.1.1 条"柱式公路沿线非标标志内边缘不应侵入道路建筑限界，一般距车行道或人行道的外侧边缘或土路肩不小于 25cm"。

5.4 设置高度

5.4.1 参照《云南省交通厅路政管理许可办法》中第十一条规定"经批准设置的单立柱式的非公路交通标志牌面与公路路面净空高度不少于 5.5m"。

5.4.2 参照《道路交通标志和标线》（GB 5768—2009）中 3.12.1.2 条规定"柱式标志板下缘距路面的高度一般为 150cm～250cm"。

5.4.3 参照《公路工程技术标准》(JTG B01—2014)中3.6.1条规定"高速公路、一级公路、二级公路的净高应为5.0m;三级公路、四级公路为4.5m",并结合《云南省交通厅路政管理许可办法》中第十一条规定"经批准设置的单立柱式的非公路交通标志牌牌面与公路路面净空高度不少于5.5m"制定。

5.5 其他规定

5.5.1 云南省高速公路沿线大型非公标志的设置已进行专项规划,但部分一级公路尚未进行非公标志设置的专项规划,对一级公路沿线非公标志设置进行专项规划,有利于非公标志设置的规范化和标准化管理。

5.5.2 参照《道路交通标志和标线》(GB 5768—2009)中3.10.4条规定"除另有规定外,标志安装应使标志垂直于行车方向,视实际情况调整水平或俯仰角度",同时考虑多立柱非公标志垂直于行车方向可能存在设置困难的问题,故规定多立柱、桁架非公标志版面可选择与行车方向平行设置,当设置受限时可根据实际情况对安装角度进行调整。

6 版面设计

6.1 版面规格

6.1.1 为了方便驾驶员区分公路沿线交通标志和非公标志,规定非公标志板面形式应采用方形,严禁使用《道路交通标志和标线》中规定的正等边三角形、圆形、倒三角形、八角形和叉形等板面形式,避免给驾驶员造成干扰。

6.1.3 参照《云南省交通厅路政管理许可办法》中第十一条"三面体单立柱广告牌的单面规格不得大于16m×4m,两面体单立柱广告牌的单面规格尺寸不得大于18m×6m"。

6.1.4 通常公路沿线大型非公标志由少数几家设计制造厂商按照相对统一的标准制作,因此规格尺寸相对统一,而公路沿线小型非公标志由于申请人需求和制作方式、材料不尽相同,因此规格尺寸差异较大,本规范根据云南省实际情况对小型非公标志的规格尺寸进行规定。

6.1.5 参照《公路路线设计规范》(JTG D20—2006)中11.7.4条规定"跨线桥上悬挂交通标志时,不宜采用通栏式结构,且上、下边缘不得超出护栏顶部和边梁外缘底线"。

6.2 字符

6.2.1～6.2.4 非公标志不是公路交通目的性辨识标志,驾驶员对非公标志的视认时间要大于对交通标志的视认时间,因此非公标志采用的文字、图案应尽可能清晰、简明。

大型公益类、广告类以及小型指引类、门店类非公标志的文字内容由主要内容、次要内容和辅助内容组成。由于驾驶员和车内乘客视认信息有限,在行驶过程中难于完全视认非公标志版面上所有内容,且不利于安全行车,因此非公标志主要内容的字体大小和间距应按照《道路交通标志和标线》(GB 5768—2009)的相关规定执行。

6.2.5 参照《道路交通标志和标线》(GB 5768—2009)中3.7.3条"指路标志的阿拉伯数字和其他文字的高度应根据汉字高度确定,其与汉字高度的关系应符合下表的规定。在特殊情况下,经论证字符高度最小不应低于规定值的0.8倍"。

6.2.8 云南省是多民族省份,与越南、老挝、缅甸等东南亚国家接壤,是面向南亚、东南亚的辐射中心,因此非公标志的设置应充分考虑当地的民族特色和对外交流的需要。本条规定参照《西双版纳州城市户外广告设置管理办法(试行)》和云南省红河州非公标志的设置实例。

6.3 颜色

6.3.1 为避免非公标志对驾驶员造成过多干扰,更好地区分非公标志与交通标志,非公标志不仅在规格上应与交通标志有所区别,而且版面配色也应有所区别,规定非公标志不应采用与公路交通标志相同的配色方案,同时严禁使用黄底黑字、白底红字、蓝底白字和绿底白字的配色方案。

6.3.2 参照北京、深圳、济宁等地区对公路沿线非公标志版面配色的规定,见表B.4。白底、棕字、棕边框、白色衬边的版面标志与交通指示标志有很好的辨识效果,如图B.6所示。

表 B.4 部分城市非公标志版面颜色要求

城 市	配色方案
北京	白底、棕字、棕边框、白色衬边
深圳	白底、黑字、黑边框、白色衬边
济宁	白底、黑字、黑边框、白色衬边

图 B.6 黑色、棕色非公标志配色对比示例

6.4 并列

6.4.1~6.4.3 同一地点设置多个非公标志易造成驾驶员辨识困难,影响交通安全,因此本着安全、协调、绿色、共享的原则,设置于同一地点或相邻地点的非公标志在有条件的情况下应并列设置,但严禁与交通标志并列。非公标志版面并列顺序及并列数量参照《道路交通标志和标线》(GB 5768—2009)的有关规定。

6.5 其他规定

6.5.2 非公标志应注重昼夜景观的协调,主动发光标志不应对驾驶员造成视觉干扰。参照《道路交通标志和标线》(GB 5768—2009)中3.11.4条和《城市户外广告设施技术规范》(CJJ 149—2010)中的规定,本规范规定非公标志有照明需求的宜采用投射光外照明形式,优先考虑下投射光照明,严禁使用闪烁灯光,且不得妨碍车辆行车安全。

7 结构设计

7.2 大型柱式非公标志结构设计应满足以下规定:
1) 钢结构设计应符合《钢结构设计规范》(GB 50017—2003)和《高耸式结构设计规范》(GB 50135—2006)的规定,并对结构的强度、刚度和稳定性进行校核验算。
2) 钢筋混凝土结构设计应符合《混凝土结构设计规范》(GB 50010—2010)的有关规定,并进行受力分析和稳定性验算,必要时还应进行结构变形验算。
3) 地基基础设计应符合《建筑地基基础设计规范》(GB 50007—2011)和《高耸式结构设计规范》(GB 50135—2006)的规定,满足地基承载力的要求,基础应进行强度、抗滑移、抗倾覆和稳定性验算。
4) 防雷设计应符合《建筑物防雷设计规范》(GB 50057—2010)中的规定,防雷设计中应有防止直接雷、感应雷和防雷电波侵入的措施。
5) 照明电器设计应符合《建筑照明设计标准》（GB 50034—2013）和《低压配电设计规范》（GB 50054—2011）的规定。

7.3 为保证大型非公标志在风载作用下不发生倾斜、倒塌、面板脱落等事故，大型非公标志应加强结构抗风设计，尤其钢结构在风载作用下的结构变形应满足《城市户外广告设施技术规范》（CJJ 149—2010）中6.4条的要求。在强风路段应对非公标志进行结构抗风专项评价，以确保非公标志的设置安全。

7.4 附着式非公标志设置前必须对被附着物的结构进行检测，附着式非公标志与被附着物之间的连接构件应能直接承担所传递的荷载，必要时应对被附着物结构进行承载力、强度和稳定性验算。

7.5 在公路上设置跨越公路的行政地界标志应采用梁式结构，其结构设计应满足《公路桥涵设计通用规范》（JTG D60—2015）的规定，确保设计年限内的使用安全。

8 施工及验收

按照"收益归责"的原则，对非公标志设置申请人提出相关要求。

9 检查维护

9.1 由于非公标志为露天建筑物，在风、霜、雨、雪的侵蚀下，易造成涂层风化、构件锈蚀、焊缝开裂、锚固及连接件松动等病害。参照《城市户外广告设施技术规范》（CJJ 149—2010）维护与保养规定："在使用期间申请人应对构件锈蚀、油漆脱落、龟裂、风化等部位，构架连接点，标志版面等进行检查与维护"。

10 审批与管理

10.1 当大型非公标志位于多条不同等级公路的建筑控制重合区域时，应按就高原则进行报批，如图B.7所示。参照《公路安全保护条例》第十一条规定"公路建筑控制区的范围，从公路用地外缘起向外的距离标准为：国道不少于20m；省道不少于15m；县道不少于10m；乡道不少于5m。属于高速公路的，公路建筑控制区范围从公路用地外缘起向外的距离标准不少于30m。公路弯道内侧、互通立交以及平面交叉道口的建筑控制区范围根据安全视距等要求确定"。

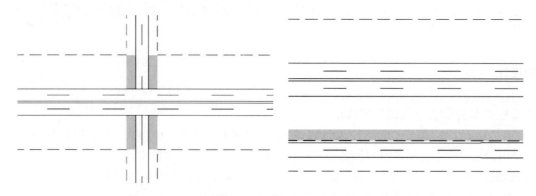

图 B.7 不同等级公路交叉及并行审批管理范围示意图

10.2 非公标志设置申请人应向公路路政管理机构提交以下资料：
1) 申请书应当包含申请理由、标志内容、字体、颜色、外廓尺寸及结构，标志设置地点、标志设置时间及使用期限等内容。

2) 注册登记营业执照复印件。
3) 专项涉路项目工程技术评价报告。
4) 大型或跨路结构物上附着式非公标志应提交符合有关技术标准、规范要求的设计文件、施工方案。
5) 设置点的平面示意图应包括：公路里程桩号、横向距离和外观效果图。
6) 安全保障措施（施工及日常安全维护）。

参 考 文 献

[1] 2004.08.28　全国人大常务委员会　《中华人民共和国公路法》
[2] 2015.04.24　全国人大常务委员会　《中华人民共和国广告法》
[3] 2011.03.07　国务院　《公路安全保护条例》
[4] 2003.10.10　云南省　云南省交通厅　《云南省交通厅路政管理许可办法》
[5] 2005.11.15　江苏省　江苏省交通厅　《非公路标志设置管理暂行规定》
[6] 2015.04.30　福建省　福建省公路管理局　《福建省非公路标志许可标准化管理指南（试行）》
[7] 2000.12.05　浙江省　浙江省交通厅　《浙江省公路沿线非公路标牌管理办法》
[8] 2008.08.10　云南省　西双版纳州建设局　《西双版纳州城市户外广告设置管理办法（试行）》
[9] DB 34/T 789—2013　安徽省　《非公路标志安全设置技术要求》
[10] DB 11/T 1170—2015　北京市　《公路沿线非公路标志设置规范》
[11] 济宁市　《非公路标志安全设置技术要求（试行）》

本规范用词用语说明

1 本规范条文执行严格程度的用词,采用下列写法:
   a) 表示很严格,非这样做不可的用词,正面词采用"必须",反面词采用"严禁";
   b) 表示严格,在正常情况下均应这样做的用词,正面词采用"应",反面词采用"不应"或"不得";
   c) 表示允许稍有选择,在条件许可时首先应这样做的用词,正面词采用"宜",反面词采用"不宜";
   d) 表示有选择,在一定条件下可以这样做的,采用"可"。
2 引用标准的用语采用下列写法:
   a) 在标准总则中表述与相关标准的关系时,采用"除应符合本规范的规定外,尚应符合国家和行业现行有关标准的规定";
   b) 在标准条文及其他规定中,当引用的标准为国家标准和行业标准时,表述为"应符合《×××   ×××》(×××)的有关规定》";
   c) 当引用本标准中的其他规定时,表述为"应符合本规范第×章的有关规定""应符合本规范第×.×节的有关规定""应符合本规范第×.×.×条的有关规定"或"应按本规范第×.×.×条的有关规定执行"。